BRAZILIAN PORTUGUESE FOR BEGINNERS

FIRST 1000 WORDS

EFFIE DELAROSA

CONTENTS

CONTENTS

CONTENTS

Sim
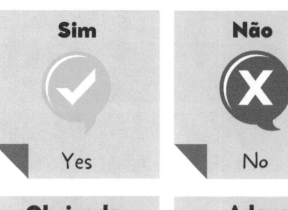
Yes

Não

No

Olá

Hello

Obrigado

Thank You

Adeus

Goodbye

Por favor

Please

E

And

Ou

Or

Isto
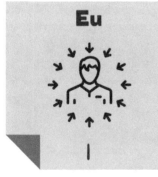
This

Eu

I

Você
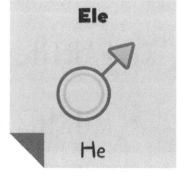
You

Ele

He

Ela

She

Nós

We

Eles
They

Desculpa
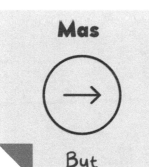
Sorry

Mas

But

Boa noite

Good evening

Porque

Because

Bem-vindo

Welcome

Onde

Where

Que

What

Quanto
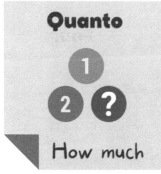
How much

Qual
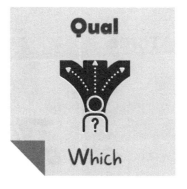
Which

Incrível

Awesome

Fofo

Cute

Ajuda

Help

Se

If

Quando

When

Por quê

Why

NÚMEROS

0 ZERO
Zero

1 UM
One

2 DOIS
Two

3 TRÊS
Three

4 QUATRO
Four

5 CINCO
Five

6 SEIS
Six

7 SETE
Seven

8 OITO
Eight

9 NOVE
Nine

10 DEZ
Ten

15 QUINZE
Fifteen

20 VINTE
Twenty

100 CEM
One Hundred

1000 MIL
One Thousand

FAMÍLIA
FAMILY

Mãe
Mother

Pai
Father

Irmão
Brother

Irmã
Sister

Avó
Grandmother

Avô
Grandfather

Filho
Son

Filha
Daughter

Tia
Aunt

Tio
Uncle

Neta
Granddaughter

Neto
Grandson

Esposa
Wife

Esposo
Husband

Café da manhã
Breakfast

Almoço
Lunch

Jantar
Dinner

Refeição
Meal

Pão
Bread

Queijo
Cheese

Ovo
Egg

Peixe
Fish

Carne
Meat

Manteiga
Butter

Presunto
Ham

Salsicha
Sausage

Iogurte
Yogurt

Bolo
Cake

Chocolate
Chocolate

Sal
Salt

Açúcar
Sugar

Pimenta
Pepper

Bebida
Drink

Farinha de trigo
Flour

Pirulito
Lollipop

Mel
Honey

Rosquinha
Doughnut

Sorvete
Ice Cream

Água
Water

Café
Coffee

Leite
Milk

Suco de laranja
Orange Juice

Chá
Tea

Chocolate quente
Hot Chocolate

Comida
Food

Vitamina
Vitamin

Sobremesa
Dessert

Cereais
Cereals

Cebola
Onion

Feijões
Beans

Milho
Corn

Trigo
Wheat

Aveia
Oat

Catchup
Ketchup

Mostarda
Mustard

Temperos
Spices

Óleo/Azeite
Oil

Arroz
Rice

Macarrão
Pasta

veículos

vehicles

AVIÃO	BARCO	NAVIO
AIRPLANE	BOAT	SHIP

CARRO	MOTO	TREM
CAR	MOTORBIKE	TRAIN

TRATOR	BICICLETA	ÔNIBUS
TRACTOR	BICYCLE	BUS

TÁXI	METRÔ	CAMINHÃO
TAXI	SUBWAY	TRUCK

AMBULÂNCIA	HELICÓPTERO	BONDE
AMBULANCE	HELICOPTER	TRAM

viagem

travel

FÉRIAS
HOLIDAY

AEROPORTO
AIRPORT

ESTAÇÃO DE TREM
TRAIN STATION

PORTO
PORT

TURISTA
TOURIST

HOTEL
HOTEL

CASA
HOUSE

APARTAMENTO
APARTMENT

MALA
SUITCASE

PASSAPORTE
PASSPORT

MAPA
MAP

PISCINA
SWIMMING POOL

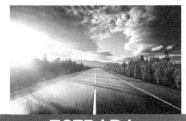

ESTRADA
ROAD

RUA
STREET

CAMINHADA
WALK

Pássaro

Bird

Gato

Cat

Cachorro

Dog

Pato

Duck

Rato
Mouse

Pombo

Pigeon

Coelho

Rabbit

Elefante

Elephant

Macaco

Monkey

Galinha

Chicken

Vaca

Cow

Burro

Donkey

Cabra/Bode

Goat

Cavalo

Horse

Porco

Pig

ANIMALS / ANIMAIS

Ovelha

Sheep

Ganso

Goose

Urso

Bear

Camelo

Camel

Sapo

Frog

Cobra

Snake

Tartaruga

Turtle

Lobo

Wolf

Crocodilo

Crocodile

Dinossauro

Dinosaur

Girafa

Giraffe

Canguru

Kangaroo

Lagarto

Lizard

Tigre

Tiger

Zebra

Zebra

ANIMALS / ANIMAIS

Tubarão

Shark

Caranguejo

Crab

Golfinho

Dolphin

Água-viva

Jellyfish

Lagosta

Lobster

Cavalo-marinho

Seahorse

Arraia

Ray

Polvo

Octopus

Borboleta

Butterfly

Barata

Cockroach

Aranha

Spider

Besouro

Beetle

Libélula

Dragonfly

Formiga

Ant

Abelha

Bee

ANIMALS / ANIMAIS

DIA — DAY

Segunda-feira	Terça-feira	Quarta-feira	Quinta-feira
Monday	Tuesday	Wednesday	Thursday

Sexta-feira	Sábado	Domingo	Semana
Friday	Saturday	Sunday	Week

TEMPO — TIME

HORA
HOUR

MINUTE
MINUTE

ANO — YEAR

MÊS — MONTH

JANEIRO	FEVEREIRO	MARÇO	ABRIL
January	February	March	April

MAIO	JUNHO	JULHO	AGOSTO
May	June	July	August

SETEMBRO	OUTUBRO	NOVEMBRO	DEZEMBRO
September	October	November	December

Inverno
Winter

Primavera
Spring

Outono
Autumn

Verão
Summer

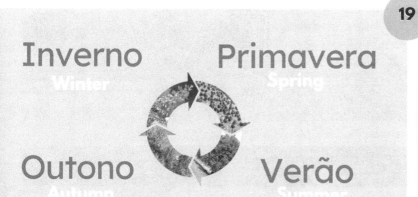

Estação
Season

Vento
Wind

Chuva
Rain

Tempestade
Thunderstorm

Manhã
Morning

Tarde
Afternoon

Noite
Night

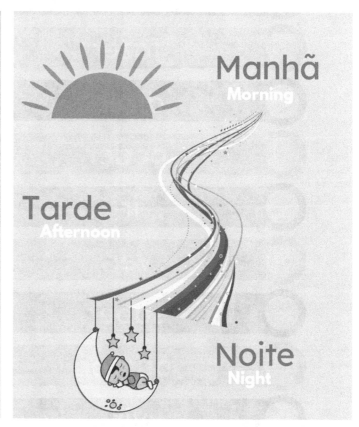

Clima
Climate

Presente
Present

Futuro
Future

Passado
Past

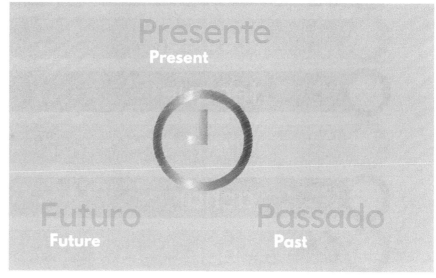

ter	have
ser	be
fazer	do
dizer	say
poder	can
ir	go
ver	see
saber	know
querer	want
vir	come
precisar	need
ter que	have to
acreditar	believe
achar	find
dar	give

VERBOS

VERBS

pegar	take
falar	talk
pôr	put
parecer	seem
sair	leave
ficar	stay
pensar	think
olhar	look
responder	answer
esperar	wait
viver	live
entender	understand
entrar	come in
tornar-se	become
voltar	come back

VERBOS

VERBS

escrever	write
ligar	call
cair	fall
começar	start
seguir	follow
mostrar	show
rir	laugh
sorrir	smile
lembrar	remember
jogar	play
comer	eat
ler	read
obter	get
chorar	cry
explicar	explain

VERBOS

VERBS

cantar	sing
tocar	touch
cheirar	smell
respirar	breathe
ouvir	hear
pintar	paint
estudar	study
celebrar	celebrate
escolher	choose
procurar	search
perguntar	ask
aproveitar	enjoy
imaginar	imagine
beber	drink
mudar	change

Alfabeto
Alphabet

Lápis
Pencil

Tesoura
Scissors

Caderno
Notebook

Mochila
Schoolbag

Aluno
Student

Sala de aula
Classroom

Amigos
Friends

Professora
Professor

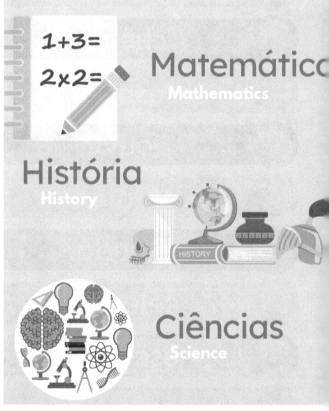

Matemática
Mathematics

História
History

Ciências
Science

Escola
School

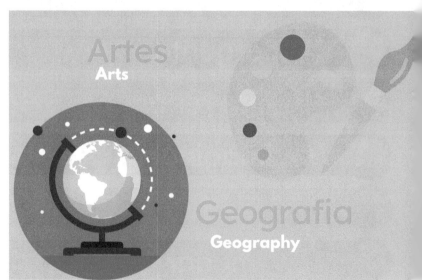

Artes
Arts

Geografia
Geography

emprego

job

ENFERMEIRA

NURSE

FAZENDEIRO

FARMER

ARQUITETA

ARCHITECT

ENGENHEIRA

ENGINEER

TRABALHADOR

LABORER

BOMBEIRO

FIREFIGHTER

JARDINEIRO

GARDENER

ADVOGADA

LAWYER

PILOTO

PILOT

ATOR

ACTOR

DENTISTA

DENTIST

MECÃNICO

MECHANIC

LIXEIRO

DUSTMAN

CONTADORA

ACCOUNTANT

PSICÓLOGA

PSYCHOLOGIST

emprego

job

JORNALISTA

JOURNALIST

CARPINTEIRO

CARPENTER

MÚSICO

MUSICIAN

ENCANADOR

PLUMBER

COZINHEIRA

COOK

ESCRITORA

WRITER

CABELEIREIRA

HAIRDRESSER

SECRETÁRIA

SECRETARY

MOTORISTA

DRIVER

POLICIAL

POLICEMAN

DOUTOR

DOCTOR

VETERINÁRIO

VETERINARIAN

OCULISTA

OPTICIAN

PEDIATRA

PEDIATRICIAN

GARÇOM

WAITER

AMEIXA
PLUM

PÊSSEGO
PEACH

CEREJA
CHERRY

MAÇA
APPLE

UVA
GRAPE

MELANCIA
WATERMELON

ABACAXI
PINEAPPLE

MORANGO
STRAWBERRY

FRAMBOESA
RASPBERRY

PERA
PEAR

BANANA
BANANA

MELÃO
MELON

LIMÃO
LEMON

AMORA
BLACKBERRY

LARANJA
ORANGE

27

COGUMELO
MUSHROOM

BRÓCOLIS
BROCCOLI

REPOLHO
CABBAGE

ASPARGO
ASPARAGUS

PEPINO
CUCUMBER

CENOURA
CARROT

RABANETE
RADISH

ALFACE
LETTUCE

BATATA
POTATO

TOMATE
TOMATO

ABACATE
AVOCADO

ALHO-PORÓ
LEEK

BETERRABA
BEETROOT

BERINGELA
EGGPLANT

ALCACHOFRA
ARTICHOKE

Calmo
Calm

Feliz
Happy

Decepcionado
Disappointed

Animado
Excited

Apavorado
Frightened

Mal-humorado
Grumpy

Apaixonado
In Love

Surpreso
Surprised

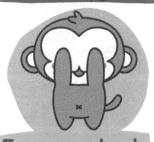

Envergonhado
Shy

Orgulhoso
Proud

Irritado
Angry

Confuso
Confused

Cansado
Tired

Nervoso
Nervous

Curioso
Curious

adjetivos  adjectives

-fantástico	fantastic
-estranho	weird
-difícil	hard
-engraçado	funny
-estranho	strange
-fácil	easy
-impossível	impossible
-jovem	young
-correto	correct
-livre	free
-doente	sick
-mesmo	same
-pobre	poor
-possível	possible
-limpo	clean

adjetivos  adjectives

-sujo	dirty
-simples	simple
-triste	sad
-vazio	empty
-boa	good
-macio	soft
-falso	false
-grande	big
-ruim	bad
-sério	serious
-velho	old
-verdadeiro	true
-lindo	beautiful
-quente	hot
-frio	cold

adjetivos

adjectives

-caro	expensive
-clara	clear
-último	last
-diferente	different
-forte	strong
-legal	nice
-alto	high
-humano	human
-importante	important
-bonito	pretty
-leve	light
-pequeno	small
-novo	new
-cheio	full
-primeiro	first

Grama
Grass

Inseto
Insect

Flor
Flower

Ar
Air

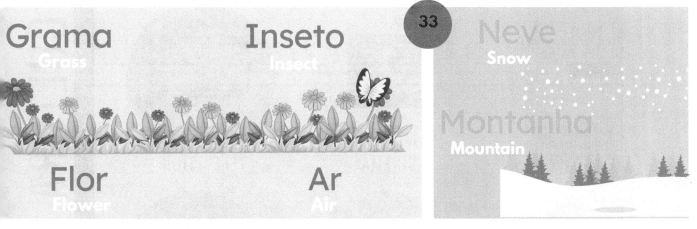

Neve
Snow

Montanha
Mountain

Nuvem
Cloud

Céu
Sky

Névoa
Fog

Mar
Sea

Lago
Lake

Praia
Beach

Sol
Sun

Floresta
Forest

Árvore
Tree

JORNAL
NEWSPAPER

CINEMA
CINEMA

TELEVISÃO
TELEVISION

LIVRO
BOOK

ESCULTURA
SCULPTURE

MÁQUINA FOTOGRÁFICA
PHOTOGRAPHY

MÚSICA
MUSIC

CONCERTO
CONCERT

FILME
MOVIE

COMPUTADOR
COMPUTER

DICIONÁRIO
DICTIONARY

PINTURA
PAINTING

MUSEU
MUSEUM

ÓPERA
OPERA

TEATRO
THEATER

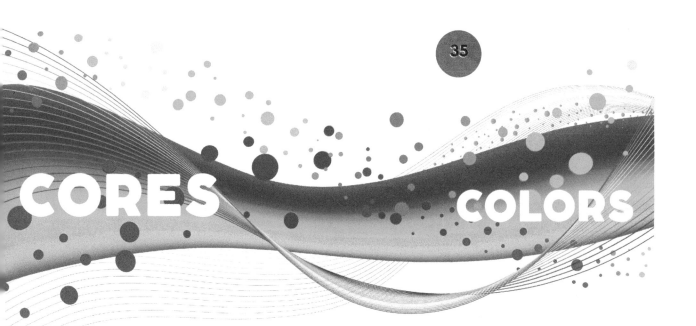

CORES

COLORS

zul	blue	**preto**	**black**
oxo	purple	branco	white
osa	pink	marrom	brown
ed	**red**	dourado	gold
ranja	orange	cinza	gray
narelo	yellow	prata	silver
erde	green	**arco-íris**	**rainbow**

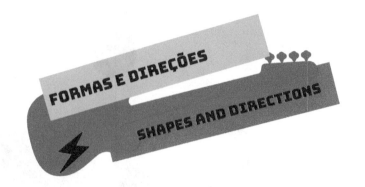

em frente a	in front of
atrás	behind
esquerda	left
direita	right
meio	middle
quadrado	square
círculo	circle
retângulo	rectangle
cubo	cube
losango	diamond
linha	line
oeste	west
leste	east
norte	north
sul	south

CASA
HOME

COZINHA
KITCHEN

PORTA
DOOR

SALA DE JANTAR
DINING ROOM

BANHEIRO
BATHROOM

JANELA
WINDOW

ESCADA
STAIRS

SÓTÃO
ATTIC

SAGUÃO
HALL

ESCRITÓRIO
OFFICE

SACADA
BALCONY

PORÃO
BASEMENT

VIZINHO
NEIGHBOR

JARDIM
GARDEN

QUARTO
BEDROOM

CASA
HOME

FORNO
OVEN

AQUECEDOR
RADIATOR
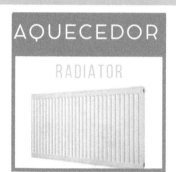

SOFÁ
SOFA

GELADEIRA
FRIDGE

ABAJUR
LAMP

PIA
SINK

CELULAR
TELEPHONE

COPO
GLASS

PRATO
PLATE

ESPELHO
MIRROR
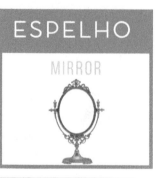

RELÓGIO
CLOCK

CADEIRA
CHAIR

CAMA
BED

MESA
TABLE

CASA
HOME

PAREDE
WALL

TELHADO
ROOF

CONGELADOR
FREEZER

ARMÁRIO
CUPBOARD

PLANTA
PLANT

LAREIRA
FIREPLACE

ASPIRADOR DE PÓ
VACUUM CLEANER

TORNEIRA
TAP

LAVA-LOUCAS
DISHWASHER

MICROONDAS
MICROWAVE

TAPETE
CARPET

CAMPAINHA
DOORBELL

PERSIANA
SHUTTER

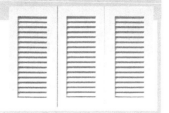

CHAVE
KEY

CASA
HOME

TOALHA
TOWEL

LENÇOL
BED SHEET

SABONETE
SOAP

PENTE
COMB

CORTINA
CURTAIN

CANECA
CUP

CHUVEIRO
SHOWER

LÂMPADA
LIGHT BULB

GARFO
FORK

COLHER
SPOON

FACA
KNIFE

BANHEIRA
BATHTUB

GARRAFA
BOTTLE

LIXEIRA
GARBAGE CAN

preposições

prepositions

para	for
após	after
perante	before
com	with
sobre	about
contra	against
na	in
sem	without
a partir de	since
em torno de	around
em	on
como	like
durante	during
entre	between
de	from

corpo body 	**cabeça** head 	**mão** hand 
cabelo hair 	**rosto** face 	**dedo** finger 
orelha ear 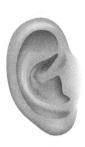	**olhos** eyes 	**unha** nail
nariz nose 	**boca** mouth	**perna** leg 
dente tooth 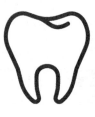	**lábios** lips	**pé** foot

Humano

43

Human

cérebro
brain

sangue
blood

coração
heart
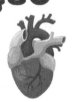

estômago
stomach
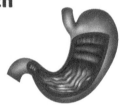

fígado
liver
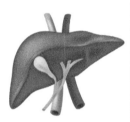

rim
kidney
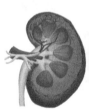

pulmões
lungs
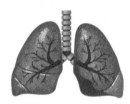

intestino
intestine
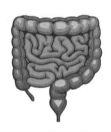

umbigo
navel
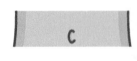

ombro
shoulder

língua
tongue

barriga
belly

quadril
hip
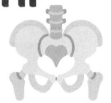

joelho
knee

tornozelo
ankle

pele
skin

osso
bone

crânio
skull

pescoço
neck

pulso
wrist

sobrancelha
eyebrow

garganta
throat

pálpebra
eyelid

queixo
chin

barba
beard

bigode
mustache

músculo
muscle

cotovelo
elbow

dedo do pé
toe

bochecha
cheek

tempo

time

ontem	yesterday
hoje	today
amanhã	tomorrow
agora	now
logo	soon
tarde	late
aqui	here
distância	distance
nascer do sol	sunrise
meio-dia	noon
tarde	evening
meia-noite	midnight
década	decade
século	century
milênio	millennium

Europa

Europe

África

Africa

Ásia
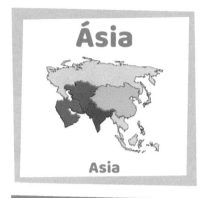
Asia

América

America

Inglaterra

England

Alemanha

Germany

França

France

Espanha

Spain

Itália

Italy

Estados Unidos

United States

Brasil

Brazil

Japão
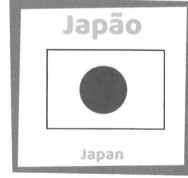
Japan

China

China

Índia
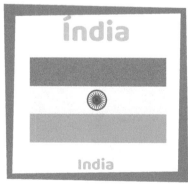
India

Rússia

Russia

COUNTRY / PAÍS

México

Mexico

Egito

Egypt

Turquia

Turkey

Nigéria

Nigeria

Tailândia

Thailand

Coreia do Sul

South Korea

Colômbia

Colombia

Argentina

Argentina

Argélia

Algeria

Polônia

Poland

Arábia Saudita

Saudi Arabia

Camarões

Cameroon

Países Baixos

Netherlands

Suíça

Switzerland

Suécia

Sweden

COUNTRY / PAÍSES

Grécia

Greece

Bélgica

Belgium

Irlanda

Ireland

Noruega

Norway

Austrália

Australia

Dinamarca

Denmark

Áustria

Austria

Finlândia

Finland

Portugal

Portugal

África do Sul

South Africa

Indonésia

Indonesia

Tanzânia

Tanzania

Ucrânia

Ukraine

Peru

Peru

Chile

Chile

COUNTRY / PAÍSES

Europeu

European

Americano

American

Inglês

English

Francês

French

Espanhol

Spanish

Italiano

Italian

Alemão

German

Africano

African

Asiático

Asian

Russo

Russian

Chinês

Chinese

Canadense

Canadian

Indiano

Indian

Brasileiro

Brazilian

Mexicano

Mexican

POPULATION / POPULAÇÃO

Claças
Pants

Camisa
Shirt

Jaqueta
Jacket

Gravata
Tie

Meias
Socks

Óculos
Glasses

Vestido
Dress

Sapatos
Shoes

Cinto
Belt

Chapéu
Hat

Carteira
Wallet

Guarda-chuva
Umbrella

Gorro
Beanie

Cachecol
Scarf

Luvas
Gloves

acessórios

accessories

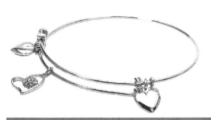

PULSEIRA

BRACELET

RELÓGIO

WATCH

JÓIAS

JEWELRY

ANEL

RING

BRINCOS

EARRINGS

LENÇO

HANDKERCHIEF

PIJAMAS

PAJAMAS

SANDÁLIAS

SANDALS

BOTAS

BOOTS

CADARÇO

SHOELACE

COLAR

NECKLACE

PANNTUFA

SLIPPERS

MAQUIAGEM

MAKEUP

BOLSA

HANDBAG

BOLSO

POCKET

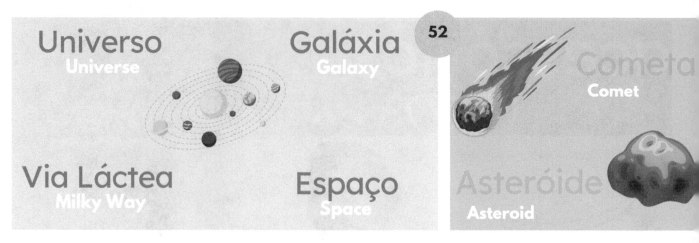

Universo
Universe

Galáxia
Galaxy

Cometa
Comet

Via Láctea
Milky Way

Espaço
Space

Asteróide
Asteroid

Lua
Moon

Terra
Earth

Estrela
Star

Tempo
Time

Luz
Light

Planeta
Planet

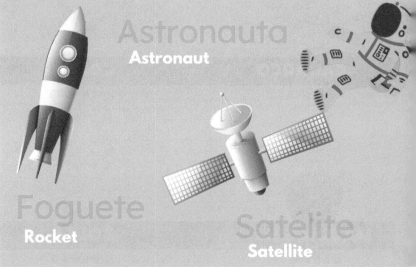

Astronauta
Astronaut

Foguete
Rocket

Satélite
Satellite

Preço
Price

Dinheiro
Money

Pagar
To pay

Cliente
Client

Presente
Gift

Conectado
Online

Banco
Bank

Livraria
Bookstore

Farmácia
Pharmacy

Loja
Store

Restaurante
Restaurant

Festa
Party

Casamento
Wedding

Nascimento
Birth

Aniversário
Birthday

advérbios

adverbs

sempre	always
em outro lugar	elsewhere
aproximadamente	approximately
em todo lugar	everywhere
em algum lugar	somewhere
em qualquer lugar	anywhere
em lugar algum	nowhere
dentro	inside
fora	outside
portanto	thus
perto	near
acima	above
lentamente	slowly
rapidamente	quickly
realmente	really

advérbios

simplesmente	simply
seriamente	seriously
felizmente	fortunately
algumas vezes	sometimes
raramente	rarely
suficiente	enough
primeiramente	firstly
antes	before
depois	after
entretanto	however
nunca	never
recentemente	recently
então	then
frequentemente	often
normalmente	usually

advérbios

adverbs

melhor	better
bem	well
bastante	a lot
em vez de	rather
completamente	quite
então	so
também	too
pouco	little
longe	far
muito	very
quase	almost
já	already
desde	since
de repente	suddenly
realmente	indeed

Bebê
Baby

Criança
Child

Menino
Boy

Garota
Girl

Adolescente
Teenager

Mulher
Woman

Homem
Man

Adulto
Adult

Amigo
Friend

57

Primo
Cousin

Colega
Colleague

Amor
Love

Amizade
Friendship

Felicidade
Happiness

Alegria
Joy

TIME
TEAM

JOGADORA
PLAYER

ESTÁDIO
STADIUM

FUTEBOL
FOOTBALL/SOCCER

ÁRBITRO
REFEREE

BOLA
BALL

COLETE
JERSEY

TREINAMENTO
TRAINING

CLASSIFICAÇÃO
RANKING

HIPISMO
HORSE RIDING

CICLISMO
CYCLING

NATAÇÃO
SWIMMING

TREINADOR
COACH

FERIMENTO
INJURY

ATLETISMO
TRACK AND FIELD

Governo
Government

Presidente
President

Política
Politics

Prefeito
Mayor

Mundo
World

País
Country

Povo
People

Continente
Continent

Cidade grande
City

Cidade
Town

Parque
Park

Empresa
Company

Ilha
Island

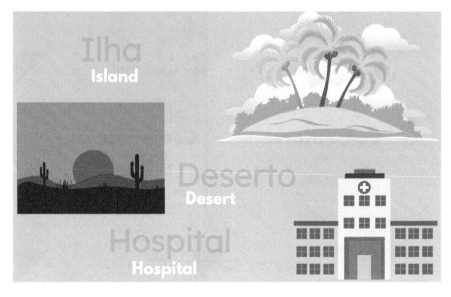

Deserto
Desert

Hospital
Hospital

Rede Social

Social network

Usuário

User

Publicar

Publish

Compartilhar
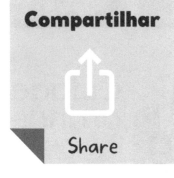
Share

Conteúdo

Content

Inscrever-se

Subscribe

Notícias

News

Anúncio

Advertising

Seguir

Follow

Conta

Account

Canal
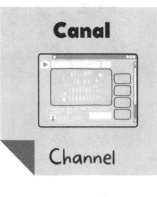
Channel

Pesquisar

Research

Comentário

Comment

Conversar

Chat

Link
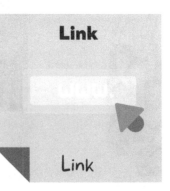
Link

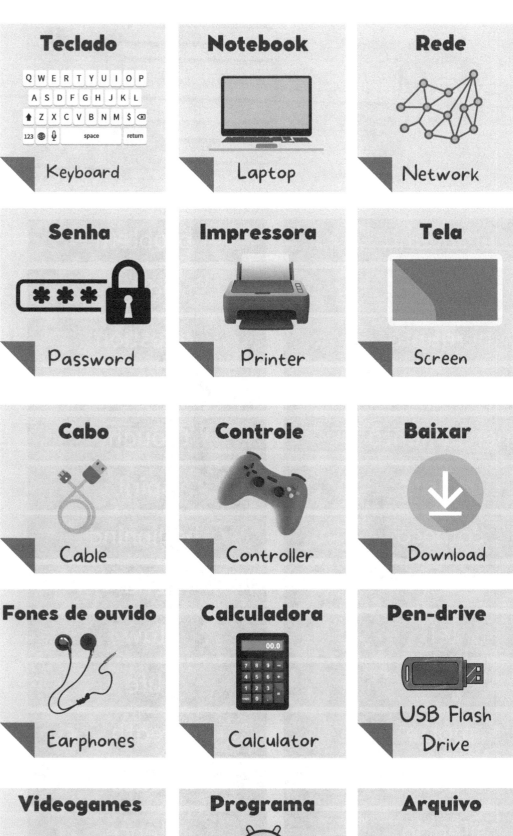

Teclado
Keyboard

Notebook
Laptop

Rede
Network

Senha
Password

Impressora
Printer

Tela
Screen

Cabo
Cable

Controle
Controller

Baixar
Download

Fones de ouvido
Earphones

Calculadora
Calculator

Pen-drive
USB Flash Drive

Videogames
Video games

Programa
Software

Arquivo
File

problema	problem
ideia	idea
pergunta	question
resposta	answer
pensamento	thought
espírito	spirit
começo	beginning
fim	end
lei	law
vida	life
morte	death
paz	peace
silêncio	silence
sonho	dream
peso	weight

opinião	opinion
coisa	thing
erro	mistake
fome	hunger
sede	thirst
escolha	choice
força	strength
foto	picture
robô	robot
mentira	lie
verdade	truth
barulho	noise
nada	nothing
tudo	everything
metade	half

ferramentas  tools

MACHADO
AXE

FURADEIRA
DRILL

COLA
GLUE

MARTELO
HAMMER

ESCADA
LADDER

PREGO
NAIL

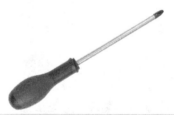

CHAVE DE FENDA
SCREWDRIVER

ANCINHO
RAKE

CORTADOR DE GRAMA
MOWER

SERRA
SAW

PAPELÃO
CARDBOARD

CARRINHO DE MÃO
WHEELBARROW

REGADOR
WATERING CAN

PARAFUSO
SCREW

PÁ
SHOVEL

vocabulário

vocabulary

alergia	allergy
gripe	flu
descanso	rest
medicação	medication
vacina	vaccine
antibiótico	antibiotic
febre	fever
curar	heal
saúde	health
infecção	infection
sintomas	symptom
contagioso	contagious
doença	sickness
dor	pain
tosse	cough

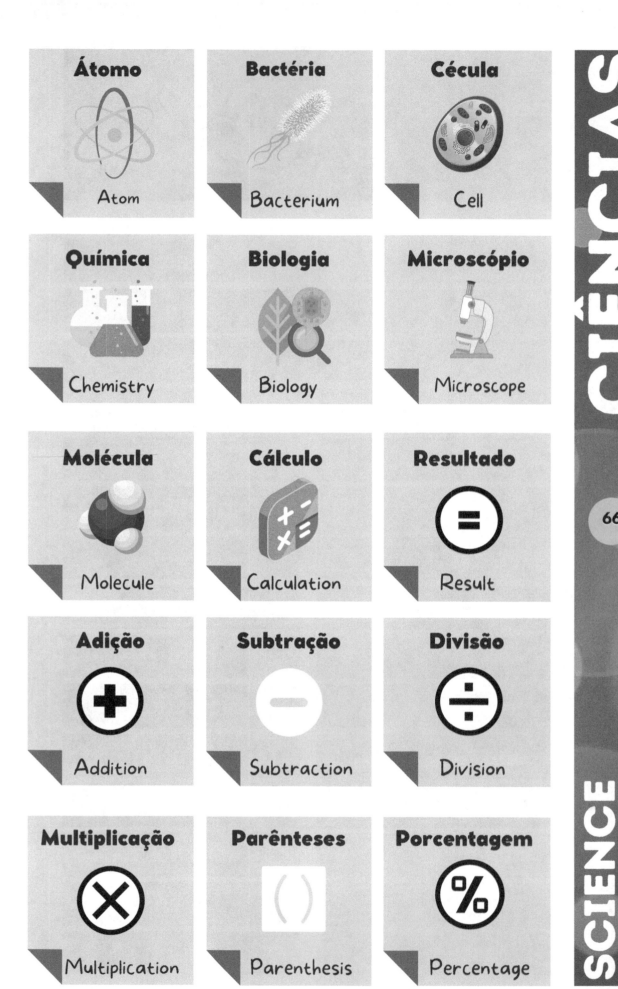

Átomo — Atom

Bactéria — Bacterium

Cécula — Cell

Química — Chemistry

Biologia — Biology

Microscópio — Microscope

Molécula — Molecule

Cálculo — Calculation

Resultado — Result

Adição — Addition

Subtração — Subtraction

Divisão — Division

Multiplicação — Multiplication

Parênteses — Parenthesis

Porcentagem — Percentage

SCIENCE

cidade

city

UNIVERSIDADE

UNIVERSITY

FÁBRICA

FACTORY

PRÉDIO

BUILDING

PRISÃO

JAIL

PREFEITURA

TOWN HALL

PONTE

BRIDGE

CASTELO

CASTLE

CEMITÉRIO

CEMETERY

CHAFARIZ

FOUNTAIN

TÚNEL

TUNNEL

ZOOLÓGICO

ZOO

TRIBUNAL

COURT

CIRCO

CIRCUS

CASSINO

CASINO

LABORATÓRIO

LABORATORY

Algodão

Cotton

Madeira

Wood

Tijolo

Brick

Concreto

Concrete

Lã

Wool

Couro

Leather

Metal

Metal

Mármore

Marble

Aço

Steel

Porcelana

Porcelain

Argila

Clay

Plástico

Plastic

Borracha

Rubber

Papel

Paper

Areia

Sand

Terra

Earth

terremoto
earthquake

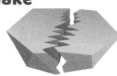

fogo
fire

campo
field

avalanche
avalanche

tornado
tornado

penhasco
cliff

oceano
ocean

vulcão
volcano

duna
dune

onda
wave

colina
hill

geleira
glacier

selva
jungle

vale
valley

caverna
cave

ORQUESTRA

ORCHESTRA

MÚSICA

SONG

MÚSICO

MUSICIAN

GUITARRA

GUITAR

CANTORA

SINGER

PIANO

PIANO

BATERIA

DRUMS

VIOLINO

VIOLIN

TROMPETE

TRUMPET

LETRA DA MÚSICA

LYRICS

PÚBLICO

AUDIENCE

VOZ

VOICE

MICROFONE

MICROPHONE

PALCO

STAGE

VOLUME

VOLUME

Endereço
Address

Envelope
Envelope

Caixa de correio
Mailbox

Correspondência
Mail

Carimbo
Stamp

Fatura
Bill

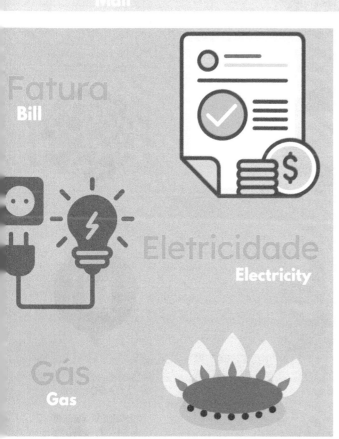

Eletricidade
Electricity

Gás
Gas

Salário
Salary

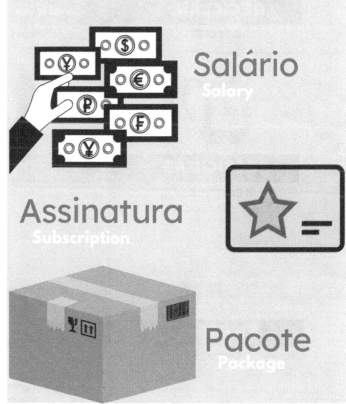

Assinatura
Subscription

Pacote
Package

Carteiro
Postman

Enviar
Send

Vender
Sell

Comprar
Buy

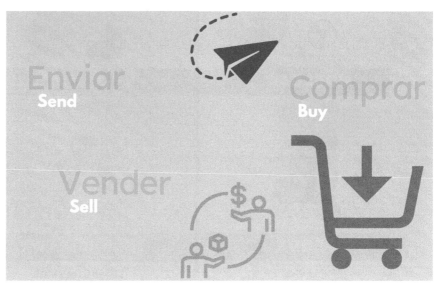

ecologia ecology

RECICLAR
RECYCLE

MEIO AMBIENTE
ENVIRONMENT

POLUIÇÃO
POLLUTION

PESTICIDAS
PESTICIDES

ORGÂNICO
ORGANIC

VEGETARIANO
VEGETARIAN

ENERGIA
ENERGY

CARVÃO
COAL

GASOLINE
GASOLINE

NUCLEAR
NUCLEAR

ECOSSISTEMA
ECOSYSTEM

FAUNA
FAUNA

FLORA
FLORA

TEMPERATURA
TEMPERATURE

ÁRTICO
ARCTIC

Made in the USA
Las Vegas, NV
03 October 2023

78500918R00044